JN438100

拜上

台惠存

돌아가는 길

김 인 권(金寅權) **세번째** 시집

돌아가는 길

김 인 권(金寅權) 세번째 시집

다시 맞는 甲午年.
예순한 번이라는 숫자에 애써 의미를 두고,
예순한 수의 시로, 세 번째 시집을 엮습니다.
기 발표작 중에서 손을 본,
서른아홉 수의 시도 보탭니다.

이 책에 싣는
모든 붓글씨들(제목과 표지를 비롯해서)은,
제가 직접 쓴 것입니다.

도서출판 두손컴

차례 |

• 1부 •

• 2부 •

• 3부 •

• 돌아보며 •

• 제3의 눈 •

• 1부 •

까닭

얼마나 사랑하기에
갈대머리는
백발이 되었을까

욕망이 사람처럼
꿈을 꾸는 날
강물에 빠지는
바람도 백발이다

더 참을 수 없어
그녀를 찾아간
메시지마저
하얗게 세었다

그래서 겨우
가을이
죽을 것이다

모럴

나이가 들면
그리움 같은
그리워서 아픈 날 같은
일
없을 줄 알았다

나이가 들면
새로 사람이 좋아서 설레는
설레어 잠 못 드는
자꾸 낯 붉는
일
없을 줄 알았다

세상사 모두가
불확실할 줄
알았다

소나기

내 생에 내린
뜻밖에 내린
환희의 비는
그대뿐이다

신해년 섣달
천년의 산성에서
이름 모를
뉘 무덤가에서의
서투르던 입맞춤은
소나기였다

이 살 시린
황사와 산성비 같은
모럴 속에서
언감생심일지라도
초록의 소나기를
기다려 본다

잔디 보호

누구의 생각인지
'잔디 보호' 라는 글귀
바윗돌에 음각되어
잔디밭 안 군데군데에서
잔디를 밟고
비석처럼 서 있다

사랑에게 잔디로 푸르른
내 가슴을
'잔디 보호' 라는 명분으로
모순된 네가
저 바윗돌 같이
짓누르고 있다

경자

무교동 자본주의의 밤이 피우고, 베리나인 골드가 키우는, 동심초의 이름은 경자였다. '월드컵' 이라는 극장식 나이트클럽 무대에서, 저명한 메조소프라노 가수가 동심초를 열창하던 시각. 옆집 뉴 산다 나이트클럽 플로링에서는, 댄서의 순정으로 춤을 추는 경자가, 아름답게 꽃잎을 흔들고 있었다. 네온사인 불빛 같은 밤이 지난 아침이면, 다동의 북어 해장국집에서, 청진동의 선지 해장국집에서, 경자는 마스카라가 무거운 눈으로 웃고 있었다. 과거가 예쁜 경자는 상계동의 심청이었고, 꿈이 새파랗던 시인의 애인이었고, 산업화 사회의 우리들 누이였다. 눈물에는 백치미로 위장하면서도, 사랑에는 언제나 초보자였던 경자. 마지막으로 본 연산동 로터리 건널목에, 오늘도 세상의 경자들이 비를 맞고 서 있다.

사간동의 겨울

비공식적인 사랑이 똬리를 튼, 서울특별시 종로구 사간동 90번지에 눈이 내리고, 이틀씩 쉬지 않고 똬리 위에 내려서, 기와지붕이 아픈 윤리처럼 무거워지면, 아버지의 편지가 공식적으로 찾아와 대문 앞에서 호통을 쳤다. 불효가 익어가는 연탄아궁이 앞으로, 중국집 아저씨가 다리를 절며 고량주를 데리고 와서, 철가방에 외상을 쑤셔 넣고 다리를 절며 돌아갔다. 낮술에 운이 좋으면, 담 너머 불란서문화관에서 공짜 영화를 보고, 건춘문 매표소 아가씨 몰래 경회루에서 사진도 찍고, 눈밭이 된 앙드레김 의상실 앞 넓은 인도에 미니스커트들이 넘어졌다. 눈발도 통행금지 시간을 지키면, 산사처럼 적막한 마당에 푸른 달빛이 앉아, 중국집 아저씨가 낮에 절뚝거린 발자국을 쓰다듬고 있었다. 연탄가스도 문풍지 앞에서 비공식적으로 서성이고, 죄 없는 바람은 청춘을 보듬고 잠 못 이뤘다.

미련의 행로

내 사는 집에서 그대가 사는 집까지
내비게이션의 립 서비스를 따라
서쪽으로 173.7Km

아직 살아 있는 것이
시행착오처럼 죄송스러운 아침
가랑비가 내리기도하고
군데군데 간극 같은 안개로
막연부지의 남해안고속도로
연정처럼 몸을 가누지 못하는
코스모스의 2번 국도

속절없는 세월이
하이패스로 생을 통과하는
묵어 삭은 사랑의
후불카드 같은 회한으로
102동 101호 문 앞에서
또다시 돌아서는 발길

여수 가는 길에

여수행 완행열차가 청춘을 싣고
가을 속으로 떠나간 길을
신이가 돌아오지 않는 길을
내 슬픔 하나가 나섰다

전라선에 철없는 들국화는
손을 흔들며 웃고 있지만
나이를 묻고 싶도록 늙은
시멘트 이정표가
남의 설움으로 울며 서 있다

망각으로 뒤덮은 포도 위에
기적소리의 환청처럼
사투리가 교통정리를 하고
돌아보지 않는
별리의 백미러는
운명에 깨어지고 없다

그리운 날

발작처럼 문득문득
당신에게로 가는
가슴 사무치고

이건 아니라고
서러운 만큼
되뇌는 부정사가
몸서리치는데

어쩌다가 우리는
이렇게 아픈 하루를
까닭도 모르고
견뎌야 하나

소유하지는 못하고
사랑할 수밖에 없다는
고양이가 차라리
연민의 눈이다

너

너는 단풍든 삶을 데리고
내가 가로등으로 서 있는
버스정류장 벤치에
가을로 앉아 있다

정류장에 서는 버스들은
사람을 뱉고 삼키고
지하철 환승객들까지
세월처럼 잡아먹는데
너는 내 그림자에 묻혀
언제나 살아 있다

혼이듯이 삼계의 너
한 번쯤 미안하자

흔적

떠나간 그 사람이
생의 언저리에
차마
그림자로 있다
나는 어디서나
그곳을 맴도는
바람으로
자국을 보듬고
자취를 맡는
일상이다
추억을 데리고
세월이 죽으면
바람아
그림자 아플라

섬초롱꽃

섬초롱꽃이 섬을 떠날 때
해풍이 섬 자를 벗겼는데도
섬초롱꽃이다

새벽길 온천천변에서 만난
흰 섬초롱꽃은
아직도 누구를 기다리는지
초롱의 불을 끄지 않아
자주 섬초롱꽃이 되었다

사람아
되도는 길목의 초롱에
이제라도 불을 밝혀
우리도 서 꽃처럼
자주색으로 한번
수줍어 보자

꽃무릇

그대의 선홍빛 구월은
선운사 올레에 짙다

나는 아직도 숨었다가
꽃 진 다음에야
새삼 잎으로 돋아나
푸르게 떨 것이다

속 모르는 가을은
눈물이 부러운지
만나지 못하는 우리를
서러운 나이처럼
따라다닌다

꿈 냄새

거울 속 눈동자에서
나던 꿈 냄새

사랑이기를 기다리던
신문로 다방에서
성냥개비로 쌓이던
청춘의 냄새

작설차 향같이
생에 배이던 날
세월의 빗돌에
이끼처럼 피던 냄새

이제는 꿈꾸지 않아도
오감의 바람이
데리고 오는
추억 같은
간구의 냄새

구월에

인연에 자운영이 죽은 뒤
구월이 오면 구월이 오면
그러면서 기다리는 동안
금계국 떠난 구월이 왔다

자운영의 피가 흐르는
붓드레아 꽃범의 꼬리 벌개미취는
멍 같은 보라색으로
도도한 사랑을 닮았다

당신이 사는 하늘을 향해
나처럼 목 뺀 해바라기
구월이 가면 구월이 가면
이러면서 두리번거리다가
가을의 눈마저 시릴라

이안류를 기다리며

수영만 매립지에서
날마다 자라나는
가혹한 마천루 때문에
자꾸 아픈 바다는
동백섬의 손을 잡고
하루하루 남루해진다

바람의 딸 파도가
대신 울부짖는 새벽에
추억도 남루해져
가난한 갯바위에
그리움을 노산하고
해무로 덮어 둔다

사랑도 늙는 것인지
묵은 회한 쓸어갈
이안류를 기다리며
뭍에 섞여 본다

지심도只心島

지심도에 동백꽃 피면
인연을 앞질러
사랑이 맺혔다

다만 마음뿐이라고
조르다 떠난 사람
화신으로 돌아왔다는
파도의 말을
섬사람들은 믿었다

지심도에 동백꽃 지면
각혈 같은 애통에
바람이 울었다

종점에서

철쭉꽃이 뽐내는 온천천변을 걸어, 두루미와 갈매기의 조우도 바라보다가, 2번 마을버스 종점에서 아내를 기다리기로 한다. 종점에는, 정자형 사각지붕의 구조물을 중심으로 일곱 개의 벤치가 앉았다. 나도 어스름을 업고 앉아 여덟이 된다. 전도 오일장에서 주전부리를 사다 주시던 어머니처럼, 아내는 가끔 소주와 안주거리를 사 오곤 한다. 그것이 뜻밖의 기다림과 함께 우리의 행복이다. 그새 달빛은 깨어진 가로등을 대신하고, 길고양이 한 마리가 곁을 노련하게 맴돈다. 그러고 보니, 벤치는 항상 누군가를 기다렸던 것 같다. 벤치도 아마 그 몹쓸 사랑을 하는 것 같다.

혹시或時

대낮 교정의 낙엽을 밟고
너의 외면이 도착했지만
울어 버릴 것 같아서
문을 열지 못하겠다

이별처럼 경련하는 햇살을
시간으로 보듬기 전에
연정은 눈치만 보고 있다

스쳐가는 쉮음이라도
돌아갈 수 없는 때라서
차라리 내 외면을
단풍으로 매달고 싶다

세종로의 눈

세종로에 내리는 눈은, 세종로를 잊지 못하고, 언제나 애증의 세종로에 내린다. 지나간 젊은 날. 세종대왕이 동상으로 오시기 전, 이순신 장군이 혼자 동상으로 서 있던 시절. 통행금지 시간 위에 군림하던 호루라기가, 세종로 뒷골목에서 쌓여 있던 눈을 짓밟았다. 순결을 잃고 서럽게 우는 눈의 울음소리를, 그날 밤 근처 여관 투숙객들은 밤새 들어야 했다. 세종로의 눈은 청춘의 핑계가 되었고, 세종문화회관 오페라 룸의 칵테일로 녹았다. 오늘도 세종로에 내리는 눈은, 돌아오지 못하는 그 무엇이다. 잔설 같은 나이의 알 수 없는 의미이다. 세종로에 진눈깨비가 내리는 오후 한 시, 삼백오번 버스를 기다리며 젖는다.

• 2부 •

돌아가는 길

온 곳을 모르고
까닭을 모르고
돌아가는 길에서
이승을 묻다

欲知前生事
今生受者是
欲知來生事
今生作者是

모르고 가는
사람에게
차안이
피안을 묻다

돌아가는 길 II

이 길에는 반환점이 없다. 이승의 첫 걸음이 돌아가는 길의 시작이었고, 여로는 지난 여정의 반추로 짐작할 뿐이다. 돌아가는 곳이 미지라는 모순의 상황에서, 이정표를 만드는 것이 인생이구나. 매몰찬 선택으로 험로도 많았지만, 이제는 탄탄대로처럼 행복하게 갈 것 같다. 아프지 않고 두렵지만 않다면, 돌아가는 군상 중에 행복한 행인이리라. 덤으로 추억이 동행하면, 여독을 잊을 것이다. 자취가 안개에 묻혀 피차의 실루엣마저 혼미하더라도, 삶의 궤적이 결코 신기루는 아니다. 무심결에 정을 둔 행로를 나무라지 말고, 기꺼이 가는 길에 슬픈 전송은 하지 마라. 아름답게 돌아감이 감사할 뿐이다.

돌아가는 길 III

생각이 다른 생각과 정분이 나서
'돌아가는 길' 이라는 이름을
욕되게 한 통한의 날에도
돌아가는 사람들은
그들만의 질서를 외치며
인연의 통곡이 비껴가는
상실의 카페에서 촛불 밝히고
율법의 범주를 추방하는
뭇 종교들의 발길질에 차인
시간의 시신을 애도하여
자아를 수술대 위에 눕히는데
사람의 세상을 지나가는 망상이
또 다른 망상을 수태하여
돌아가는 길을 관통하리라고
돌아가는 길에서 돌아보는
안타까운 번뇌

돌아가는 길 IV

생각을 두고 가고
말을 두고 가고
짓을 두고 가고

죄를 가지고 가고
갚지 못하는
빚도 가지고 가고

꿈과 함께 돌아갈 수
있다면
시와 함께 돌아갈 수
있다면

사랑은 어찌하나
사랑을 어쩌나
사랑

사랑

등대

항구가 바다에 빠져
등대를 낳기 전에는
숙세 떠난 배들이
삼계를 나르며
기항은 응보라

팔 없는 등대는
연정을 못 잡고
그리워 차마
앉지도 못하고

정물처럼 목을 빼고
무정물로 서서
불빛을 반사경에 쏟아
밤바다를 더듬는
저
외로운 손짓

두루미

얼마나 큰 공덕을 지어야
두루미로 태어나 살까요

앞산만 바라보시는 스님은
고개도 돌리지 않으시고

얼마나 큰 공덕을
지으실 생각입니까

벼락같은 말씀으로
황망히 돌아오는 길
산기슭 노송 위에서
재두루미 한 마리가
혀를 끌끌 차며
굽어보고 있다

장마

전생의 통한이 남겨
풍파에 옷고름 풀린
여름의 가슴에서
사나흘 사나흘씩
분우 삽우 울음
새벽마다 쉷어서
잠 못 든 사람의
묻힌 애증 움트며
땅을 찢는 소리

놓아줘라

업에 갇힌 인연을

계사년 상달 보름날
통도사 서축암 마당에서
종범 큰스님께서는

놓아줘라

견성이 되울림처럼
습을 향해

놓아줘라

영축산 넘어가는
바람의 목쉰 소리

놓아줘라

이승理乘

번뇌가 내 손을 잡고 가자는 대로 따라간다. 길을 나선 영혼은, 하룻밤에 천 리를 가기도 하고 찰나에 겁을 건너기도 한다. 양복 윗주머니에 명함처럼 꽂혀 있던 세월이 목을 빼고 의지를 탐색하지만, 한때 비겁했던 생의 질곡에 묻힌 자아가 통곡할 뿐이다. 고혼으로 구천에 흩어진 과거의 입을 틀어막고 돌아와서, 뻔뻔스럽지만 홍련 잎 그늘에 몸을 던진다. 바람과 구름도 인과가 있는데, 무엇을 더 바라고 과보의 멱살을 잡는지. 참회의 여생에서 욕망을 삭발시켜야 하는데, 항상 사유의 흔적을 뒤쫓아 가느라 부질없는 난상. 이번에도 수계는 틀렸나 보다.

해금강

단애 머리에 외솔
벼랑에 자비로 핀
이름 모를 꽃
풍우를 다스리고
해저로부터 쌓은
관음의 탑 무리
파도는 감히
울지도 못하고
해무를 쪼아 먹는
갈매기들 부리에 묻은
안개의 피를
금강계 대일여래
보관으로 닦을
수중 유신론

몽유

욕망이 꿈을 꾼다
하룻밤 사이에
극락을 그리고
무릉도원도 그린다
빛깔이 몽유할 뿐
몽유 본디로 선명하다
추억 속으로 진 사람
꿈속에 환생하여
여한을 삭이다 가고
어머니 묻으러
오르는 산길에 피는
적년회포
깨지 말아야지
깨지 말아야지
여생이 몽유하면
또 어떨까

아버지

아버지

운주사

대초리 들판을 건너와
영구산 기슭에 머무른
구름의 뜻은 대자대비라
부처님들 찰나를 벗고
돌로 돌아가시는 터에
탑들만 숨을 쉬는데
주눅 든 중생의 발길에
눈물처럼 뚝뚝 지며
영겁의 뼈를 수식하는
가을의 살결은
들꽃 잎 같다

인각사

학 없는 학소대 회돌이에
일연선사 남긴 가사 자락
솔 그림자로 일렁이고

겨레의 자랑 삼국유사가
부처님 대신 상주하는데
군위의 문화관광해설사
열망으로 목쉬었다

역사의 하늘 저쪽에서
기린의 울음소리
언제쯤 다시 들릴까

지팡이

통도사 열여덟 암자를 다 밟고, 열아홉 번째 백운암으로 오르는 길. 어머니 사십구재 회향 날 전등사에서 불태웠던 나무지팡이가, 아내를 통해 환생하여 내 손에 쥐어졌다. 길섶에서 흔한 나뭇가지를 다듬어, 지팡이 대용으로 줄 생각을 한 아내. 집에 있는 등산용 스틱을 챙기지 않은 걸로 보아, 갑자기 남편의 몰골이 안타까웠던 것 같았다. 아내의 정성이 무안할까 봐 서글픔을 삼키고, 계곡물 소리가 주눅들까 봐 한숨을 씹었다. 나도 모르게 억울한 나이가 눈물을 흘렸고, 발에 밟히는 가을이 그 눈물에 젖었다. 백운암 담 너머 산죽 밭에 근심 같은 지팡이를 던져 버리자, 영축산 갈비뼈가 운무 속에서 옷을 벗었다. 비로소 대면하는 아내의 고운 미소가, 관음전에서 뵌 보살님을 닮았었다.

도위徒爲

어떤 허락도 없이
심장에 새기고
폐부에 품었던 것들
날 궂기 전
갈리기 좋은 때
허공에 던져 버리고

타의에 의한 짓처럼
상실감에 겨울 때
사육에 길든 그들은
부메랑 같은 바람으로
다시 창문을 두드려

이윽고 눈 내리는 밤
어차피 어두운 세상의
숱한
보라만 같다

오매불망寤寐不忘

섬진강에
눈 내려앉는 소리가
그리움처럼 엄습하니
아 어머니
거기 그대로 계시는지

지리산에
설한풍이 자지 않고
밤새도록 전화를 하는
아 동짓날 밤
생이별같이 질기다

짓무른 타향살이
패대기치라고
상사병이 고함을 치는
아 하동아
이러다가는
못 견딜 것만 같다

외도에서

외도에 가면 하느님 계시리라
아내를 이끌어 배를 탔는데
수국 밭에는 여름도 자라고
기도소 가는 길 에이도스마다
임의 흔적은 조각되어 있고
자꾸 해금강을 돌아봐야 하는
인간의 죄만큼 부끄럽다

능소화의 눈물

능소화는 전설로 울고
남몰래 흘린 눈물은
흰 바늘꽃으로 맺혀
금오영당 담장 아래에
주홍빛 빈의 주검과
궁녀의 소복처럼
슬프도록 조화롭다

담장 안의 어머니도
능소화 같으셨던지
등잔불 꺼진 새벽
어린 아들 뺨에
뜨거운 눈물 뒀지만
바늘꽃도 못된 불효
용서하실까

봄에는

폐부의 곰삭은 이름들이
살찐 햇살 따라
살갗에 나와 앉고

불면의 작년 겨울밤을
바다가 데리고 가서
씻기는 동안
묵은 혈관 속을
새파랗게 강물 흐르고

영어의 담장 아래에서
민들레 피는 소리
장례예식장 지붕 위를
숨죽여 지나가는
구름의 발자국 소리

살고 싶다

3부

마음은모든성자의근원이며만가지악의주인이다열반의즐거움도자기마음에서오는것이고윤회의고통도또한마음에서일어난다그러므로마음은세간을뛰어넘는문이고해탈로나아가는나루터이니문을알면나아가지못할까걱정할것없고나루터를알면건너기슭에이르지못할까근심할것없다

문병 길

-1972년에-

돈이 없어서 시를 한 편 써
바지 왼쪽 앞주머니에
손과 같이 넣고
목련꽃 핀 남성여고를 지나
대청동 아랫길로
메리놀병원 문 앞까지 갔다

호주머니 속에 든 손을
염치가 꽉 붙잡는 바람에
시가 적힌 종이가 아프다고
나중에는 시도 아프다고
한참을 그러다가
나도 아프고 말았다

택배

어느 고독으로부터 왔는지
아픈 가난의 탁송 물품인지

사랑이 보낸 청구서인지
젊은 날에 쓴 인생 어음인지

수취인 주소 불명인가 보다
배송료 도착불인가 보다

어제부터 골목골목에서
내 이름을 외치고 다니는
목쉰 겨울바람이 있다

당황하는 문고리를 잡고
나 여기 숨죽이고 있다
고
인기척이라도 내어 볼까

봄에 죽은 꽃

사월 첫째 수요일에
식은 커피처럼
맛없는 인생의 꽃이
죽었다는 부고가
휴대폰 문자메시지로
땅을 밟고 왔다

목요일 밤에
그 인생의 꽃밭으로
문상을 가자
늙은 패스워드를
데리고 가자

아마도 사람들은
이번에도
목 잘린 꽃들로
조화를 만들겠지

가난

내 고향 하동에서는, 배고파 죽으면 섬진강에 묻었다. 남해안 고속도로가 가난들을 싣고 갔는데, 우리 동네에 숨어 삼십 년을 더 살다가 죽은, 한 가난도 섬진강에 묻었다. 그 가난의 아들이 어느 날 자가용을 타고 와서, 저문 강가에 앉아 섧게 울다가 갔다. 가끔 사람들이 가난을 이야기 할 때면, 가난의 끈질기던 생명력과 철면피하던 처세술을 상기한다. 아이들을 생각해서 무자비하고 잔인하던 폭력성은 숨기지만, 묵계로는 지금도 가난의 악행에 치를 떤다. 공식적으로 면장님은 가난을 모르지만, 면민들의 가난에 대한 기억을 수거해 섬진강에 묻어야 한다. 내 고향 하동에서 가난은, 전설이 되어 간다. 면장님의 등이 굽어 간다.

담쟁이덩굴

하늘을 연모하는
처음 그들 중에
담쟁이덩굴이 있었을까

세상에
담이 생기기 전에도
담쟁이덩굴은
발돋움을 했을까

평생 바라보기만 할 뿐
손 뻗어 붙잡지 않는
너를 닮았는지
푸르른 땅의 봄날은
담을 쌓지 않았다

해바라기처럼 서서
담쟁이덩굴에게
몸을 주고 싶다

시계탑

온천천변에 서 있는
두 개의 시계탑에
시각이 모두 아파
시간이 아프다
칠월의 코스모스는
전생이 시침처럼
시계탑 발치에서
세월을 향하고
가늠을 변명하는
얼의 시계도
고장인데
시계탑을 맴도는
간절한 인생은
모르고 있다

남풍

사람 사는 것이
봄바람 같다

섬진강물에 진
산수유 꽃잎처럼
흘러간 청춘이
노랗게 향수 진
하동포구의 남풍
밀물로 돌아들며
조금까지는
두 물 남은

오늘은
내 사는 것이
남풍 같다

아내의 꽃

분재된 아픔을 딛고, 각고의 세월에서 뼈를 발라내어도 십년. 우리 집 영산홍은 고고한 자태다운 수백 개의 꽃송이로, 봄에서 여름까지 식구들의 오감 위에 군림한다. 지성으로 꽃을 가꾼 아내의 얼굴에, 꽃잎 필 때마다 미소가 피어가인이었다. 그러다가 자연의 섭리에서 깨더니, 영산홍 꽃잎이 지는 대로 주워 물그릇에 보듬는다. 아마도 아내는 보내는 법을 모르는 것 같다. 사람은 어찌 보내려고, 이만한 일에 유심한가. 영산홍 꽃잎보다 더 곱기만 한 아내의 심성을, 시간의 잔해 속에 속절없이 두려니, 내가 아프다.

고흐의 슬픔

사람이 어떻게 슬픔을
이처럼
빈센트 반 고흐처럼
슬프게 그려 내는가

쟌느 뒤발이 보들레르의 스케치로
마네를 무안하게 하고
괴테의 '색채론'을 무색하게 하면서
'악의 꽃'으로 피었듯이
시엔은 고흐를 완성하여
처절히 울게 하고 있다

설도 때문에 온 이십대를
눈물로 지새운 뒤에는
또다시 살의 통곡으로
앓을 줄 몰랐다

부전시장

명절 대목에 부전시장에 가 보면 안다. 죽은 사람들 거기 다 있고, 앞으로 죽을 사람들 아무도 없다는 것을 안다. 세상에 있는 거짓말이란 거짓말들은 다 거기 있고, 거짓말을 하는 사람이나 듣는 사람이나 매일반이다. 좌판에 누운 것들은 그저 죽은 체 할 뿐이고, 개념적으로는 썩거나 삭은 것이 없다. 그러므로 병든 것도 없고, 특히 우울증 같은 것은 여기서 병도 아니다. 적어도 부전시장에서는 삶이 인간을 사랑하고, 죽음과의 거래란 거래는 모두 비과세다. 아무리 계도하고 강조하고 단속해도, 원산지 표시가 무정부주의자라는 것은 오히려 긍지에 불과하다. 어떤 염세 철학도 이곳에 오면 탈색되고, 어떤 이데올로기도 이곳에서는 생존에 물든다. 나도 "싱싱하고 싶다."는 염원을, 처음으로 떨이한 곳이 부전시장이었다.

변하는 꿈

막내 숙부님은 하모니카를 잘 부셨다. 등잔불도 꺼진 여름 밤에 숙부님이 골목에서 하모니카를 불면, 별빛들이 초가 지붕에 반딧불이 같이 내려앉았다. 숙부님이 '애수의 소야곡'을 참말로 서글프게 연주하면, 동네사람들은 베개를 돋우고 눈물지었던 것 같다. 그 무렵에는 숙부님처럼 되는 꿈을 자주 꿨다. 그런 숙부님이 날마다 술을 드시다가, 아침부터 밤까지 술만 드시다가, 지천명 무렵에 진주 시립화장장 신세를 지셨다. 아마도 숙부님은 애수에 너무 젖은 나머지, 하모니카를 하모니카의 고향으로 돌려보내신 것 같았다. 요새는 어디서 하모니카 소리가 들리면, 숙부님처럼 안 되는 꿈을 꿈꾼다.

어떤 날

세차장 남자 화장실
소변기 위 벽에
가위가 그려져 있고,
그 아래 '정조준' 이라고
쓰여 있었다.

세월에 주눅 들며
쉽던 내 남성은
그만 울음을 터트리고,
오줌이 놀라서
요로에 엎드리는 바람에
애를 써야 했다.

세상을 살아길수록
자꾸 무섭다.

불카누스의 자화상

가난한 영혼들의
꿈이 분신하는

불길에 눈이 먼
폭염의 석양이
전봇대에 찢겨
피를 흘린다

사진

늙어 가는 내 얼굴을
늙어 가는 아내가
사진 찍는다

새 책들에서는
멋진 모습이어야
된다고

피사체인 내 눈이
그런 아내를
되찍는다

살다 보니
우리는 시로
삭는 속내도
찍는다

찔레꽃

찔레꽃은, 하얀 찔레꽃에는, 종다리가 좋아하는 향이 있을 것이다. 아지랑이를 유혹하는 미소가 있을 것이다. 섬진강도 찔레꽃을 만나면 견디지 못해 소용돌이쳤다. 슬레이트 지붕에 방수 작업 하시던 아버지가 허리를 펴고, 한 손을 눈썹 위에 얹고, 방천에 핀 찔레꽃을 임 보듯 바라보시던 봄날이 있었다. 지금도 눈을 감으면 눈 속에 찔레꽃 피어 있고, 그 곁에 심오한 표정의 아버지 계시고, 나는 아지랑이랑 종다리랑 섬진강이랑 봄날이랑, 하염없이 아버지를 바라본다.

동백꽃 질 때

동백꽃이 진다
뒷마당에 풋감 떨어지듯이
툭 툭 툭
꽃송이째로 진다

다홍빛 주검도 고와
바람의 발길이
수줍게 베돌고 있다

동백꽃이 필 때
억눌렸던 신명마저
툭 툭 툭
따라 진다

봄이 내 나이를 베돌며
야욕 떨어질 때를
기다리는 것 같아서
부끄럽다

애기범부채 꽃

하루에 지는 숙명으로
고개를 숙이고 피는
애처로운 양심

인간들 길섶에서
뭇 시선 겨워
외면을 익힌 꽃

표범무늬 같은 반점에
상흔 같은 반점에
자아가 영글어
부채가 접히고
칠월도 접히면

이 꽃의 고개를
울음으로라도
보듬자

우도

불효 때문에 윤리로부터
지명수배 중이던 시절
고산상고 총각선생이시던
형님의 하숙방에서
무위도식하던 시절
섬에서 그리웠던 섬
유채꽃 뒤덮인 우도에 가서
우도봉 우도등대에 올라
처음으로 목 놓아 울다가
평생 바다를 지고 사는
아름이 벌도록 안고 사는
우도보기가 부끄러워
바람이 대신 울게 하고
파도가 대신 울게 하고
눈에서 비워 버린 땅
우울했던 청춘의 편린이
쪽빛으로 사무친 섬

산수유 꽃 피면

산수유 꽃이 보고 싶어서
그림자를 데리고
햇살 헤픈 봄날에
구례에 가서 놀다가
어스름에 고향집으로 갔다

산수유 꽃이 돈이냐
산수유 꽃이 밥이냐
어머니는 자꾸 되뇌시며
치마 속자락으로
콧물을 훔치셨다

어머니 뵈러 왔다고
거짓말이라도 할 걸

해마다 산수유 꽃 피면
그럴걸 그럴걸
그러는 속이 노랗다

탓

4G-스마트폰 때문에

문명의 이기심으로 합리화되는
모르모트의 박탈된 자아는
노벨상을 받지 못하고

오이디푸스 콤플렉스로부터
울부짖던 살모사 효 분자식에
어머니라는 문자메시지를
대입시켜야 하고

이승에서 지은 죗값만큼
인증 샷이 필요한 시주함에
목어의 형이상학적 비늘이
지폐처럼 쌓여 가고

모바일 메신저 어플리케이션
카카오톡 때문에

남의 나이

남의 나이 한 살입니다

지은 죄가 모자라서
남의 나이를
훔쳐 먹기 시작했습니다

내 나이 다 살도록
철이 들지 않아서
죄 없는 아내가
참 많이 울었는데
요새는 자주
부끄럽기도 하고
느닷없이 눈물이
나기도 합니다

남의 나이 값 좀
해야 하는데
말입니다

• 돌아보며 •

그대

그대를 처음 만났을 때
그 가을에

그대는 단풍이었다가
때로는 바람에 날리는 억새풀이었다가
억새풀 끄트머리에서
흩날리던 풀꽃이었다가
또 더러는
파도처럼 일렁이는 몸짓이었던 그대

떠나간 후

그대가 남긴 사랑의 자국들은
풍문인 것처럼 밤새 내 꿈속에서
무성히 떠돌아다니다가
아침이면 문득
상처로 다시 살아나고 있어

몽타주 사진만

새벽부터 시작된 비바람은 오늘 아침. 망미동 셋방 촌 공중전화부스 앞에 붙어 있던, '샤론 스톤' 주연의 영화포스트를 반이나 찢어 버리고, 전세 달세 다닥다닥 붙어 있던 광고지도 무참히 지워 놓고, 이윽고 벚꽃이며 목련꽃 피다만 꽃잎까지 죄다 훑어 버렸다. 그 빗속에서 친구에게 우정과 신의를 오후 내내 세일하다가, 젖은 몰골로 돌아올 수밖에 없었던 이른 저녁. 모처럼 들린 육교 밑 단란주점 계산대 뒷벽에는, 어느 현상수배범의 몽타주 사진 한 장이 걸려 있었다. 절규를 그려 표구된 그림처럼 걸려 있었다.

시인의 죽음

사월 어느 날. 사람 죽기에 딱 좋은 날. 가난해서 행복했던 시인 하일 선생은, 때때로 선생의 꿈이었던 "하느님 만나러 간다."며 떠났다. 의정부에 가서 천상병님을 뵙고 돌아온 날. "죽으면 자기 집 하나 새로 생기는데, 살아 있어서 집이 없더라."며 목메어 말하더니, 선생도 이제 월세 걱정 안 해서 좋겠다. 구청장이 사람자격증 있는 사람만 공공근로사업장에 나오라는 것처럼, 주민등록증 여백에다가 '극빈 중' 이라고 써 다니던 우암동 성당 사람 하규일. 선생의 마지막 시어는; "……아프네."이었다. 쉰한 살에 본 딸 하늘이에게는 말해 주지 못했지만,

인연이란 무엇입니까

인연이란 무엇입니까

화두를 주머니에 넣고
자갈치 뱃머리에
네 시간째 앉아있습니다

인연이란 무엇입니까

고래 고기 파는 아지매는
모르겠다고 모르겠으니
이제 그만 가라며
손사랫짓입니다

인연이란 무엇입니까

목으로 넘어간 술이
두 다리에 고여
의심처럼 결려옵니다

강아지를 찾습니다

'뚱'이란 이름으로 불리던, 한 살배기 여자 백구. 사람과 같이 살며 사람인 양하더니, 인사도 없이 집을 나가서 사흘 동안 전화 한 통 없다. 아들의 휴대폰에 저장되어 있던 뚱이의 행복한 모습의 사진으로, "강아지를 찾습니다."라는 전단지를 만들어 근동에 붙이자, 녀석은 국회의원 후보처럼 이 골목 저 골목에서 웃고 있다. 그날 밤부터 장맛비는 내리고, 주민등록번호가 없는 뚱이는 내 가슴 속에서 짖고 있다.

이사하던 날

포장이사 하던 날. 짐이 다 떠난 빈집 거실에서, 아내가 주저앉아 울고 있었다. "여름에 이승 떠나신 어머님의 모습이, 빠진 머리카락처럼 한 움큼씩 구석구석에 있다며, 쇼핑백에 주워 담아도 고스란히 담기지 않는다며, 그렇다며, 그렇다고," 아내는 콧물까지 흘리고 있었다. "부부는 돌아누우면 남이다."라는 어떤 인륜의 정의가, 쓰레기봉투 속에서 덩달아 울고 있었다.

철들지 말자

ID를 〈철들지 말자〉로 사용하는 사람이 있다. 그는 새벽마다 내가 자주 찾는 온라인 카페에서 어김없이 마주치는데, 대화창을 열고 말을 걸어오거나, 많은 사람들의 글 밑에 댓글을 쓴 것도 못 봤다. 아바타를 보면 남자인 것 같을 뿐, 더 이상의 정보는 알 수 없다. 그런데, 그는 내게 "철들지 말자! 철들지 말자!"하고 말하는 것만 같다. 무슨 캠페인 현수막 구호 같기도 하고, 인생 사보타아지 동조세력을 규합하는 것 같기도 하다.

그때

그때. 우리 동네 구멍가게 주인 장씨는 '아침햇살' 이라는 음료수를 저녁에 팔았다고, 벌금형에 처해졌습니다. 두 달 뒤 장 씨는, 그 음료수를 아침에 팔았는데, 구속되었습니다. 그날 아침에는 비가 내렸기 때문이었습니다. 반년이 지난 후, 햇살 정부는 동네사람 모두를 기소하였습니다. '아침 햇살' 을 외면한 까닭이었습니다.

그때는 그랬습니다.

"갈증에는 수음하여 얻는 액체가 제일 안전하다."는 귀엣말이 떠돌았습니다.

그때는 그랬습니다.

공원벤치 같은 공공장소에서 눈물겹게 앉아 있어도, 우선 검거 대상이었습니다.

그때 II

그때. 무료하던 우리의 지성인 멍 씨는, 자갈치를 걸어서 영도다리로 갔습니다. 바다가 심심해서 그리는 저녁노을을 바라보다가, "모처럼 좀 울어 보자."고 마음먹었습니다. 생각해 보니, 울 만한 까닭이 아무것도 없는 것이 슬퍼서, 펑펑 울었습니다. 제복 입은 햇살 정부 관리들이 멍 씨를 긴급체포하여, 재판 없이 교도소에 수감하였습니다. 그날은 공화국 대통령 취임일이었습니다.

몇 년 후 출감하던 날. 멍 씨는 시내버스를 타고 다시 영도다리로 갔습니다. 연안부두 쪽 바다가 파도에 멍들어 꿈틀대는 걸 바라보다가 생각해 보니, 세월을 잃어버린 자신이 불쌍해서 눈물이 났습니다. 슬금슬금 울기 시작했습니다. 그때. 건장한 남자 몇몇이 멍 씨 쪽으로 걸어오고 있었습니다. 사복의 관리들이었습니다. 멍 씨는 다급하게 웃기 시작하여, 나중에는 껄껄껄 호탕하게 웃었습니다. 멍 씨는 구타당하며 제압되었습니다. 그날은 대통령 사돈의 사돈이, 괴한(?)의 총에 맞아 죽은 날이었습니다.

그때 IV

그때. 햇살정부는 초헌법적인 긴급조치를 시시때때로 공표하고 있었습니다. 긴급조치 십팔 호는, 사랑에 관한 모든 것을 정부가 직접 관장하겠다는 것이었습니다. 시행 첫날부터 내무부와 법무부가 가장 바빴습니다. 나중에는 감옥이 모자라서 건설부도 나서야 했습니다. 국민들은 처벌보다도 우선, 혼돈이 더 고통스러웠습니다. 구체적인 세부 시행규칙이 없고, 모든 것이 행정 편의주의로 처리되었기 때문이었습니다. 교육을 받은 사람들은 요령을 터득해 갔습니다만, 짝사랑같이 지하에서 유통되는 사랑들이 문제였습니다. 그러나 우리 어머니는 용감했습니다. 자식과 부처님에 대한 사랑을 멈추지 않았습니다. 장례식장에서 어머니 염을 한 장례사가 나중에 말해 줬습니다. "가슴이 다 상하고 없더라."고.

내시内侍

내 전생은 내시였나 보다. 아마 이백 년 쯤 전에, 뻐꾸기 울음소리 보리밭에 낭자할 때. 우리 집 가난은 내 남성을 거세하고, 어머니의 절규를 밟으며, 구중궁궐로 걸어갔을 거다. 분향 그윽한 그 곳에 미녀만 삼백 명. 무치의 임금을 삼대에 걸쳐 보필하며, 한에 짓눌려 숨을 멈출 때까지 환생을 염원하여, 이승에서 또 오십 년. 부산광역시에 살며 때때로 바다를 향해 발기한다.

딜레마

사흘 동안 겨울비는 장맛비처럼 내리는데, 한사람을 잊는데 너무 오래 걸리는 가슴은 젖지를 않는다. 그 사람의 얼굴은 세월의 모서리마다 꽃으로 피어나고 또 지고, 그 사람의 목소리는 밤새 울어 대는 바람소리로 창가에 있다. 그 사람은 엘리베이터 속에서 갑자기 손을 내어 밀고, 그 사람은 혼잡한 지하철 속에서 느닷없이 옷자락을 부여잡는다. 그 사람은 도대체 죽지를 않는다. 이러다가, 이러다가는, 한 사람을 잊는데 여생이 다 할 것만 같다.

홍매화

"홍매화가 피었더라."고 지난달 섬진강에 다녀온 친구가 말해 줬는데, 삼월의 새벽부터 눈이 내려 쌓여 가는, 거리의 찻집 창가에 앉아 편지를 썼다. 지금은 남의 사람이 된 그리운 이에게, "가슴에 품고 온 내 매화는, 누룩이 다 되었다."고 썼다. 편지를 들고 눈을 밟으며, 눈에 젖으며 우체국으로 갔다. 섬진강변에 피었다던 홍매화가, 우체국 아가씨 입술에도 피어 있었다. 우체국을 나서서 건널목, 봄이 우산을 쓰고 신호등을 바라보고 있었다.

흐린 날

신록의 살결에 바람이 어설플 때면, 꼭 사람이 보고 싶다. 사람이 보고 싶은 날에는 술을 마셨는데, 이제는 자화상 앞에서 편지를 쓴다. 정부가 새 주소를 시행하지 않는다면, 해후는 미납으로라도 찾아올 것이다. 문패도 나이를 먹는데, 전라선 간이역에서 내린 청춘도 늙을까? 뭍에 오른 해무 속에서 만져지는 색으로, 장마 지기 전에 오동도에 우체통을 세워야겠다. 그림자 없는 오늘은, 눈물이 쉬는 날이다.

사람아

이 아픈
윤회의 성상에
그대와의 만남은
꿈같은 인연
아늠에 새겨지는
미소가
마지막일지라도
행복하므로
다시
아름다운 인생

순천만

송광사에 가을이 찾아갔는데
큰스님이 바빠서
만나 주지 않으셨다
민망하여 고개를 돌리다가
주암댐에 넋이 빠진 가을은
순천만으로 숨었다

팔십사 년밖에 못 사셨기에
젓가락질이 서투셨던
어머니의 아들은
청춘에 서툴러
순천만 갯벌에서
사랑을 잃어버렸다

아픈 남자와
그 가을이
순천만 선창가에서
바람으로 만났다

하류의 꿈

섬진강 하류에서는 갈대들이 사람을 꿈꾸었다. 사람들이 갈대 꿈을 꾸는 것은 비밀이 아니었고, 갈대꽃을 뽑아다 말려서 빗자루를 만드는 것은 꿈이 아니었다. 배고픔이 반드시 비굴한 것은 아니듯이, 빗자루를 팔아서 학비에 보태는 것도 부끄러움이 아니었다. 섬진강 하류에서는 갈대들이 꿈 이야기를 하고, 사람들은 그 이야기에 귀를 기울였다. 달빛을 데리고 노래를 부르는 갈대를, 한 해에 두 번이나 본 사람도 있었다. 섬진강 하류에서는 강물도 꿈을 꾸려고, 갈대와 정을 통했다.

바래봉

철쭉꽃이 피면
빨치산 아버지의 피
청춘에 산화한
이념은 죽고
죄 없는 유복자는
철쭉꽃 무더기에
천륜을 묻었다

운봉에 묶인 혼
폭설 속으로 이끌어
바래봉 꼭대기에서
스님은 초혼하고
자식은 절규하고
눈
이승을 덮었다

장사익

내가 아직 살아 있을 때, 선생이 죽었으면 좋겠다. 그래야, 선생의 무덤에 솔잎이라도 뿌려드릴 수 있을 것이다. 더 이상 선생의 목소리가 해금을 만나지 못하면, 내 영혼이 겨우 숨을 쉴 것이다. 그것이 공평하다. 선계에서 무엇 때문에 인간세계로 오셨다는 말인가. 인간들은 인간답게 슬퍼하면 되는데, 왜 자꾸만 성화이신지 모르겠다. 한이 낙인처럼 민족의 정수리에 아직 피어 있기에, 선생의 흰 두루마기 자락은 목이 쉬었다.

저절로

길쌈하고 해거름에야 집을 나선 우리 모자의 고무신은, 양보로 가는 신작로에서 참꽃 잎 같은 노을을 밟았다. 자갈길 신작로를 벗어나 골짜기. 양초에 신문지를 감아 불 밝히자, 바람에 펄럭이는 불꽃 따라 모자의 그림자는 춤을 추었다. 학방사 노스님의 미소를 소반에 담아 늦은 공양을 마친, 소년은 이내 법당 마루에서 잠이 들었다. 자다가 눈을 뜨면 엄마는 절을 하고 있었고, 자다가 눈을 뜨면 엄마는 절을 하고 있었다. 아침 햇살이 부처님을 금덩어리로 만들 때, 엄마 눈물방울이 아들을 깨웠다. "엄마 왜 울어요?", "몰라. 저절로 그래."

그대여

그대 이름보다
더 아름다운 것이
이 세상에
또 있으랴
바람 부는 날에도
장맛비 오래
우울한 날에도
그대를
가만히 불러 보면
문득 내 안에
따뜻한 눈물이
고여 오고
박하사탕같이
화안해 오는
오 세상에서
가장 아름다운
이름
그대여

쓸쓸함

새벽 잠결에 인기척을 느끼고 소스라쳐 눈을 뜨면, 쓸쓸함이 머리맡에 앉아 나를 가만히 보고 있다. 이윽고 통성기도를 엿듣고 있다가, 구형 전축으로 걸어가 비발디를 틀어준다. 그리고 원두커피기에 전원을 켜고 여과지를 갈아 준다. 언제부터인가 쓸쓸함은, 내 중년의 또 다른 아내가 되어 있다. 빈처만 같아서 서재에 가두고 문을 잠근 다음에야 집을 나서지만, 이내 그리워 울먹이며 돌아오기 일쑤다. 이제 지병처럼 평생을 함께 가야 할 쓸쓸함이여-

증후군

아내는 아침마다
화장을 하면서
주름에 대하여
거울에게 물어 본다

거울은 아침마다
울상이 되어서 코멘소리로
내게 되물어온다

아내만큼 예쁜 여자는
세상에 둘도 없다고
거울의 귀를 잡아당기고
일삼아 속삭여 준다

하릴없이 거울 속으로 들어온
사람보다 먼저
가슴이 늙는 걸
아내는 모르는 것 같다

상사화

멀쑥한 꽃대위에 씻김굿 춤사위처럼 하늘하늘 피어, 자주색 산형화서로 햇살과 정분이 난다. 상사화 피는 팔월의 여름밤은 짧고, 비늘처럼 생긴 줄기는 검은 갈색의 연민을 품는다. 여리게 살다가 아침저녁으로 찬바람 불 때 떠나는데, 보라색으로 시들어 며칠 애를 태운다. 이승에 미련을 둔 질긴 목숨인가, 서서히 오그라들며 말라 간다. 한 잎 한 잎 떨어지는 주검은 깃털 같아 바람이 데려가고, 체념한 가을은 윤회의 팔띠로 방관자들을 돌려보낸다.

소지

흰 종이를 가슴에 품었다가
본당 앞 팽나무에 걸면
그 종이에 서원이 절절해
할망은 불꽃으로
하늘에 올려 빈다.

남은 불씨는 바다로 가서
핏빛 노을이 된다

노을은 사람의 그림자를
죄다 잡아먹고
절규의 앙금을 담아
꿈처럼 승천한다

헌책방골목

보수동 헌책방골목에는 시간이 멈춰져 있었다. 신학기만 되면 책값을 가지고 아버지를 이중으로 속이던, 그 기발하고도 천재적이던 테크닉이 아직 책방골목에 앉아 있었다. 나를 보더니 손을 덥석 잡으며 "으 하 하 하 하", 여전히 승자처럼 통쾌하게 웃었다. 시집 한 권에 육백 원 밖에 안 하는 기막힌 사연으로 찾아간 책방거리에, 낙엽이 비웃음 같은 소리를 내며 굴러 다녔다. 그날 밤 꿈속에서 만난 아버지께서도 "으 하 하 하 하", 다 알고 계셨다.

안락1동 1012-2번지

세모의 하루가 버스에서 내려 염창마을 소나무가지 끝에 저물 때, 어디에서 놀았는지 아이들의 옷에는 항상 노을이 묻어 돌아왔다. 담 너머 꼬부랑 골목의 늙은 가로등이 하느님 대신 밤마다 굽어 살피지만, 전깃줄에 바람이 찢어지며 비명을 지르는 겨울밤은 추웠다. 우리 부부가 일념으로 가꾸는 아이들의 꿈은 식지 않도록, 두 아들의 잠든 머리맡에 몸뚱이로 앉아 외풍을 막았다. 앞집 위성 안테나 그림자가 도깨비처럼 우리 방 창을 걸어 다니고, 벽에 기대선 농짝은 무섭다고 발가락으로 자꾸 이불을 끌어 당겼다. 지난주에 누님이 사다 주신 시원소주 마지막 병이 방바닥에 넘어지는 시각, 자는 줄 알았던 아내의 돌아누운 어깨가 조용히 들썩이고 있었다.

천당에 가고 싶은 사람

내가 어릴 적 우리 마을에 초가의 예배당이 있었는데, 글도 모르던 유년의 나를 여름성경학교에서 받아 줬다. 어느 날 조사님이 "천당에 가고 싶은 사람은 손들어 보세요."라고 말했고, 천당이 언젠가 한번 먹어 본 적이 있는 수박과 같은 것일 것이라고 생각하느라 손을 못 들었다. 이윽고 조사님이 다가와 혼자 손을 안 든 이유를 물었고, 누나와 형들은 까르르 웃었다. 내게 집중된 시선들과 조사님의 근심 어린 표정 때문에, 하마터면 울 뻔했다. 그 이후로는 어느 누구도 같은 질문을 하지 않았지만, 사실 나는 그때부터 마음속에 다짐을 하고 있었다. "다음에는 꼭 손을 들어야지." 라고.

어머니

모시적삼 적시던
어머니 젖 냄새
비릿한 고향 냄새
섬진강이 빚은
운무가 품고
육십 년 이승을 디뎌
아직 차안의 새벽
회한으로 눈물진
불효의 베갯잇에
그리움을 수놓다
아 어머니

행복

동래 메가마트 고객 대기실에서, 자기 아내의 신발 끈을 고쳐 매어 주는, 비교적 남루한 모습의 중년 사내를 봤다. 그는 새 양복에 한껏 멋을 부린 사람보다 잘생겼고, 그 순간 그들 부부의 대화는 시보다 아름다웠다. 거리의 바람을 피해 실내로 들어온 내 가르마는 입을 다물고, 오늘 처음 맨 밤색 줄무늬 넥타이는 다리를 모으고 숙연해졌다. 비록 막노동하는 사람 행색의 필부필부일지언정, 무색한 내 눈에 눈물 맺히게 하는 부창부수의 모습이었다.

친구는

단풍 구경 놓치겠다고 투덜대는, 친구의 휠체어를 밀고 범어사에 갔다. 두 다리를 잃은 친구는 나이가 들수록, 불평불만을 의족 정도로 여기는 것 같았다. 앞산이 잘 보이는 성보박물관 뒤쪽 주차장 어귀에 자리 잡고, "인생은 자아와 무관한 기현상들로 채워져 있다."는 친구의 철학적 소신을 푸념쯤으로 들어야 했다. "외제 승용차를 타고 온 졸부들이 부처님 대신 중을 만나서 거래하고, 극락 행 약속 어음이라도 받았는지 하나같이 미소를 머금고 돌아간다."는 것이 또 친구의 현상 분석이었다. 친구는 "씨~팔"이라고 계속 말했다. 그래도 앞산에 아름다운 단풍은, 부처님의 자비 같았다.

차안의 산사此岸의 山寺

– 칠불사에서 –

죄 없는 돌들이 탑이 되었다. 다음으로 죄 없는 돌들이 석주가 되고, 다음으로 죄 없는 돌들이 기단이 되고, 다음으로 죄 없는 돌들이 난간이 되고, 다음으로 죄 없는 돌들이 초석이 되고, 다음으로 죄 없는 돌들이 계단이 되고, 다음으로 죄 없는 돌들이 산길 자갈이 되었다. 한사코 저승으로 가신 어머니. 어머니는 칠불사 아자방 처마에 서린 노을이 되셨구나. 속절없이 사별한 불효자는 이 노을빛에 붉게 물들어, 건너 산기슭 모난 바위에 사모곡을 새기고 싶다.

슬픈 사람

슬픈 사람은 언제나 슬프기 때문에, 좀처럼 울지 않습니다. 어느 날, 슬픈 사람이 오랫동안 사랑하는 또 다른 슬픈 사람이 죽었습니다. 슬픈 사람은 그 사별이 슬퍼서 모처럼 울었습니다. 그 모습을 본 더 슬픈 사람이, 울고 있는 슬픈 사람을 나무랐습니다. 아주 많이 슬픈 사람이 와서 화를 냈습니다. 이번에는 부산에서 제일 슬픈 사람이, 휴대폰 화상통화로 비웃었습니다. 처음에 슬프던 사람은, 그만 부끄러웠습니다. 그런데 눈물은 자꾸 흘렀습니다. 기자들이 몰려왔습니다. 슬픈 사람은 창피해서 웃으려고 애를 썼습니다. 그러다가 꿈에서 깨어났습니다. 그래도 슬픈 사람은 슬펐습니다.

슬픈 사람 II

슬픈 사람에게서 메일이 왔습니다. 가급적이면 최근에 쓴, 슬픈 시를 보내 달라는 내용이었습니다. 슬픈 시를 쓰려면 좀 슬퍼야 되는데, 근래에는 행복하기만 해서 슬픈 시가 없었습니다. 그때부터 슬픈 영화도 보고, 슬픈 음악도 듣고, 슬픔에 관한 문학작품들도 읽었습니다. 우라질! 그래도 도무지 슬퍼지지가 않았습니다. 그래서 신경정신과 의사 선생님을 찾아가서, 슬퍼지는 약 처방을 부탁했습니다. 그랬더니 의사 선생님은, 애정 어린 눈길로 입원을 권유하셨습니다. 그때부터 슬펐습니다. 나에게 시를 부탁한 그 슬픈 사람보다, 지금은 내가 더 슬픈지 모르겠습니다. 아마도 그런 것 같습니다.

슬픈 사람 VII

내 안에서 슬픈 사람을 죽였습니다.
연민이 성숙하도록 슬퍼서입니다.
죽지 않는 슬픔이기에 죽였습니다.
슬픔은 죽어 마땅합니다.
슬픔은 인생의 직무유기입니다.

나도 태양 때문에 죽였다고,
변명하겠습니다.

나는 처음으로
무죄입니다.

하늘이

죽는 날까지 참회하라
안 하셔도
참회합니다
더 죄짓지 말라
안 하셔도
사랑합니다
섬기라
안 하셔도
순종합니다

오늘 하루만 살라
하셔도
감사합니다

산버들

보고 싶어 병든다는
남천 댁 손을 잡고
대한 날 바람 난 듯
성지곡 수원지에 왔다
그리움은 어디에서
살다가 오는지
산버들 가지마다
그새 움트고 있다
섣달 내내 무너지던
앙가슴은
못을 나는 싸락눈으로
시리게 쓸어내리자
올해도
잎 먼저 꽃이 피면
그리운 사람들
봄이 아플라

대화록

섬진강 하류에서는, 모두가 말을 합니다. 강물도 말을 하고, 재첩도 말을 하고, 게도 말을 하고, 망둥어도 말을 하고, 문저리도 말을 하고, 새비도 말을 하고, 눈치. 눈치는 눈치만 봅니다. 섬진강 하류에서는, 순화된 언어로 모두가 말을 합니다. 바람도 말을 하고, 구름도 말을 하고, 햇빛 달빛도 말을 하고, 운무도 말을 하고, 별들도 말을 하고, 하늘도 가끔 내려와서 어울립니다. 경상도 산과 전라도 산이 사랑에 빠져 속삭이고, 돛배가 방천의 꽃들을 보고 큰소리로 수작을 겁니다. 새벽에 강가로 나가면, 새들이 밤사이의 이야기들을 다시 들려줍니다. 욕도 없고 언쟁도 없는, 아름다운 고자질입니다. 풀들이 바람과 밀어를 나누고, 나무들이 질투로 웅성거리는, 섬진강 하류의 강변마을.

겨울 향수

섬진강 샅에 배더리 샛강. 갈대밭에 철새들은 간밤 내 강을 퍼마시고도, 장독대 뒤에서 졸다가 나간 햇살을 쪼아 먹었다. 하늬바람이 건너오면 울타리는 목청껏 짖어 대고, 아버지의 헛기침 소리에 놀란 민들레꽃은 방천에 숨었다. 트랜지스터라디오에서 동백아가씨가 걸어 나와, 고구마로 허기를 때운 아이들이랑 자치기했다. 김 말리는 대나무 발 아래 엎딘 잔설은, 보리밭의 서릿발을 부러워했다. 삿자리 위의 화롯가에서 이야기책을 듣고, 우리 동네 사람들은 숙명 같은 꿈을 꿨다. 가끔은 밤새도록 함박눈이 내렸다.

• 제3의 눈 •

자기 너머로의 여정

전 성 욱(문학평론가)

시인을 추방해야 한다고 했던 철학자가 있었지만, 이 땅에선 오랫동안 시인을 숭상하는 마음들이 숭고했다. 그래서 아무도 시를 읽지 않으려는 이 시대에도 여전히 많은 이들이 시인되기를 꿈꾼다. 그리고 세속의 인정과 침묵에 달뜨고 또 절망하면서, 그렇게 많은 시인들이 시를 쓴다. 누군가는 자격 미달의 시들이 쏟아져 나오는 세태를 언어의 낭비요 자원의 탕진이라고도 힐난하기도 했지만, 그럼에도 시 쓰는 사람이 많은 나라가 도둑이 많은 나라보다는 훨씬 좋지 않겠는가. 솜씨가 좋지 않다고 그 시가 해로운 것은 아니다. 시가 해롭다고 여기는 것은 마음에 사악함이 남아 있기 때문이다. 여전히 이 땅에는 시 삼백편의 힘을 믿는 이들이 많다.

세상에는 참 많은 시인들이 있고 또 그렇게 많은 시가 쓰이고 있다. 시로 이름을 떨친 명망가들도 있고 그런 것에는 무관하게 그저 시를 쓰고 있는 사람들이 있다. 시를 쓰는데 가져야 할 의욕을 이름을 얻는데 투기하는 사람들의 시는 역겹다. 그러나 쓰지 않고는 배길 수가 없어서, 터져 나오는 언어를 막을 수 없어서 쓴 시들은 그 어떤 시학의 논리가 아니더라도 읽을 만하다. 다른 무엇보다도 김인권의 시는 바로 그런 이유에서 읽는 재미가 있다.

나이 육십에 이르러 묶어낸 이번 시집에서 김인권은 자기의 속내를 솔직하게 드러낸다. 그 진솔함은 그 어떤 시의 기교보다도 사람의 마음을 잡아끄는 힘이 있다. '돌아가는 길'이라니, 제목부터가 심상치 않다. 천상병의 '귀천(歸天)'을 떠올리는 그 표제는, 이 시집을 다 읽고 난 뒤에 결국 사람의 마음을 먹먹하게 만든다. 죽음 앞에서 거짓된 사람은 많지 않으리라. 마찬가지로 죽음 앞에서 오만한 사람은 많지 않을 것이다. 김인권의 이번 시집은 죽음의 언저리에서 다시 삶을 보듬는 언어들로 엄숙하다.

> 삶의 궤적이 결코 신기루는 아니다. 무심결에 정을 둔 행로를 나무라지 말고, 기꺼이 가는 길에 슬픈 전송은 하지 마라. 아름답게 돌아감이 감사할 뿐이다.
>
> —「돌아가는 길 II」

죽음을 받아들이는 순간 지나온 삶은 더 절실하다. 살아왔던 시간이 '신기루'가 아니었기에 정을 보냈던 소소한 순간들마저 새삼 소중하게 여겨지는 것이다. 그러나 과연 아름답게 돌아감을 감사하는 그 마음이 죽음을 받아들이는 순응의 표현일까. 아마도 그것은 죽음의 문턱에서 지나온 삶을 되돌아보며, 그 삶을 긍정하는 것이라고 해야 하지 않을까. 아무리 마음이 굳은 사람이라도 회한을 떨치고 미련 없이 생을 초월하기란 쉽지 않은 법이다. 그러므로 "돌아가는 길에서 돌아보는 안타까운 번뇌"(「돌아가는 길 III」)야말로 진정으로 솔직한 심사인 것이다. '생각' 도 '말' 도 '짓' 도 두고 가지만 '죄' 와 '빚' 은 가져가겠다고 하면서도, "사랑은 어찌하나/ 사랑을 어쩌나/ 사랑// 사랑"(「돌아가는 길 IV」)이라고 외치는 그 미련의 고백이야말로 죽음 앞의 진솔한 심정인 것이다. 「돌아가는 길」에서는 법화경의 인과응보론을 인용하면서 죽음을 형이상학적인 차원으로 끌어가려 했지만, 결국 뒤이은 연작들에서 삶에의 미련 그리고 애착은 너무도 절실하게 드러나고 말았다. 그러니까 형이상학적 초월의 열망마저도 실은 삶에의 미련이리라. 비록 2부에 실린 불교적 색채의 시들을 고려할 때, 의식적으로는 모든 고통의 근거인 집착으로부터의 해탈을 염원하고 있는 것이 분명하지만, 고집멸도(苦集滅道)의 경지에 이르지 못한 사바세계의 중생이란 그 집착 속에서 번뇌하는 것이 그들의 진솔한 삶 그 자체이다. "업에 갇힌 인연을// 계사년 상달 보름날/ 통도사 서축암 마당에서/ 종범 큰스님께서는// 놓아줘라"(「놓아줘라」) 하시지만, "참회의 여생에서 욕망을 삭발시켜야 하는데, 항상 사유의 흔적을 뒤쫓아 가느라 부질없는 난상. 이번에도 수계는 틀렸나 보다"(「이승」)고 후회하고 마는 것이 또 어쩔 수 없는 이승의 삶인 것이다. 김인권의 시가 울림을 주는 순간은 이처럼 초월을 열망하면서도 그 세속의 번민을 솔직하게 드러내는 바로 그 때다. 그 진솔한 시세계의 절정을 나는 이 시에서 본다.

폐부의 곰삭은 이름들이
살찐 햇살 따라
살갗에 나와 앉고

불면의 작년 겨울밤을
바다가 데리고 가서
씻기는 동안
묵은 혈관 속을
새파랗게 강물 흐르고

영어의 담장 아래에서
민들레 피는 소리
장례예식장 지붕 위를
숨죽여 지나가는
구름의 발자국 소리

살고 싶다

— 「봄에는」

불법도 어쩔 수 없는 것이 바로 저 살고 싶다는 이승에의 집념이다. 생기로 넘치는 봄날에 죽음의 문턱에서 느끼는 생의 의지. '살고 싶다'는 저 한 마디 말이야말로 그 어떤 불법의 문자들보다 금강의 진여(眞如)에 가깝다. 이승에의 미련은 「상사화」에서도 절절하다. "이승에 미련을 둔 질긴 목숨인가, 서서히 오그라들며 말라간다. 한 잎 한 잎 떨어지는 주검은 깃털 같아 바람이 데려가고, 체념한 가을은 윤회의 팔띠로 방관자들을 돌려보낸다." 그 애타는 꽃피움의 시간은 피고 지고, 지고 피는 윤회의 시간 속에서 그 얼마나 애틋한가. 윤회로 마지막을 참아내려는 마음은 「사람아」에서도 볼 수 있는데, 다음의 생을 기약하는 그 마음들에는 기실 지금의 생에 대한 미련으로 아련하다.

나는 공공연하게 불법의 교리를 좇는 듯한 「두루미」, 「해금강」, 「놓아줘라」와 같은 시편들보다는, 그저 덧없는 욕망과 정념 속에서 어쩔 줄 몰라 하는 다른 시들에 눈길이 오래 머문다. 다행한 것은 김인권의 시가 불교적 득도의 세계보다는 다만 신실한 교인의 삶을 향하고 있다는 점이다. 인각사에 들러서는 일연선사의 고매한 업적을 기리고(「인각사」), 운주사에서는 "주눅 든 중생의 발길"(「운주사」)로 대자대비의 깊은 뜻 아래 하찮은 자기를 느낀다. 경건한 신자의 마음으로 욕망을 떨치려 하지만 "사육에 길든 그들은/ 부메랑 같은 바람으로/ 다시 창문을 두드"리고(「도위徒爲」), 그렇게 헛된 짓인 줄 알면서도 버리고 다시 찾는 번민을 겪어낸다. 고된 삶의 동반자로 살아온 아내에게서 관음의 모습을 볼 때(「지팡이」) 드디어 그이는 견성(見性)의 높은 경지에 이르게 되는 것이다. 그러나 김인권의 시에서 견성은 형이상학적이고 종교적인 의미의 본성을 발견하는 것이라기보다는, 정념과 번뇌에 사로잡힌 세속적 인간의 모습을 보는 것이다.

닿고 싶어도 가 닿지 못하고, 만나고 싶어도 만날 수 없는 단절과 별리로 인한 애달픔. 이것이 바로 김인권의 시편들을 관통하는 어떤 주조저음이라고 할 수 있을 것 같다. 그의 시편들에서 가장 빈번하게 만나게 되는 시어를 꼽으라고 한다면 아마도 울음과 눈물, 그리움과 설움이라고 할 수 있지 않을까. "팔 없는 등대는/ 연정을 못 잡고/ 그리워

차마/ 앉지도 못하고"(「등대」) 있다. 홀로 서서 불을 밝히고 있는 등대의 쓰라린 그리움은 연정을 품었지만 결코 가닿지 못하는 단절 속의 깊은 아픔이다. 그렇게 마음 깊이 아픈 사람은 빗소리도 통곡처럼 들린다. "새벽마다 쉶어서/ 잠 못 든 사람의/ 묻힌 애증 움트며/ 땅을 찢는 소리"(「장마」) 그리움 중에서도 가장 애틋한 것이 육친의 그리움이다. '아버지' 라는 낱말을 108번에 걸쳐 이어 쓴 「아버지」 라는 시는 그 그리움의 크기를 불교적 번뇌의 숫자로 표현했고, 능소화를 보고도 어머니를 그리는 그 사람은(「능소화의 눈물」) 이렇게 견딜 수 없는 마음을 곡진하게 드러내고야 만다.

섬진강에
눈 내려앉는 소리가
그리움처럼 엄습하니
아 어머니
거기 그대로 계시는지

지리산에
설한풍이 자지 않고
밤새도록 전화를 하는

아 동짓날 밤
생이별같이 질기다
짓무른 타향살이
패대기치라고
상사병이 고함을 치는
아 하동아

이러다가는
못 견딜 것만 같다

—「오매불망」

대체로 사람들은 나이가 들수록 근원적인 것에 이끌린다. 주로 그것은 신과 같은 초월적인 존재이거나 과거의 기억처럼 관념화된 것이다. 이 시에서 어머니는 고향인 하동과 겹쳐 있다. 자기를 낳아준 사람과 태어나 자란 곳. 그것은 자기 존재의 근원으로의 귀소본능을 자극한다. 그러나 근원을 향수하는 것은 때때로 위험하다. 대개 그것은 힘겨운 현재를 위로하려는 기만적인 관념이기 때문이다. 특히 죽음의 문턱에 이른 이에게 어머니와 고향이라는 근원은 생의 한계에 대한 초극의 열망을 표현한다. 2부 다음의 '돌아보며' 라는 장에서 다룬 시들이 대체로, 외롭고 허허로운 현재의 시간 너머의 근원에 대한 향수를 그리고 있다. 고향의 아늑한 겨울 풍경을 추억하는 「겨울 향수」가 그렇고, 섬진강 하류의 강변마을을 온갖 것들의 정겨운 대화로 세세하게 묘사한 「대화록」이 그렇다. 마찬가지로 섬진강에 홍매화 피었다는 소식을 전해 듣고 옛사랑을 떠올리는 「홍매화」가 그렇고, 섬진강 하류의 갈대로 빗자루를 만들어 팔아 학비로 보탰던 가난한 시절을 기억하는 「하류의 꿈」이 또한 그렇다. 이처럼 추억 속의 고향은 이별과 가난의 고통을 모두 잊고 한 없이 자애롭다. 그리고 그 고향을 다시 어머니에 포갠 시가 「어머니」다.

모시적삼 적시던
어머니 젖 냄새
비릿한 고향 냄새
섬진강이 빚은
운무가 품고
육십 년 이승을 디뎌
아직 차안의 새벽
회한으로 눈물진
불효의 배갯잇에
그리움을 수놓다
아 어머니

고향의 자애로움에 비할 때 어머니에 대한 기억은 항상 슬픔과 회한에 젖어있다. 아마도 지독했던 가난 때문이리라. "우리 집 가난은 내 남성을 거세하고, 어머니의 절규를 밟으며, 구중궁궐로 걸어갔을 거다"(「내시」) 그렇게 가난했던 고향의 삶을 고백한 것이 「가난」이라는 시다. "그 가난의 아들이 어느 날 자가용을 타고 와서, 저문 강가에 앉아 섧게 울다가 갔다." 「저절로」에서는 부처님 전에서 발원하며 울던 어머니를 기억하고, 「차안의 산사」에서는 효를 다하지 못했다는 책망 속에서 또 다시 어머니를 그리워한다. 이처럼 어머니는 가난에서 벗어난 지금을 부끄럽게 만드는 존재다. 물론 그 부끄러움이란 그 가난을 딛고 이루어냈다는 성취한 지금의 당당함을 표현하는 것이기도 하다. 결국 어머니는 지금의 나를 되돌아보는 거울인 것이다.

고향이나 어머니가 아니더라도 '과거' 그 자체가 향수의 대상이 되기도 하는데, 이때 그 과거의 시간은 역시 현재와 밀접하다. '그때' 연작은 정치적으로 암울했던 한 시대를 반추하고 있는데, 김인권의 시는 다만 반추할 뿐 시대의 현실을 정면으로 다루지 않는다. 겨우 「부전시장」이라는 시가 생활의 활기를 조금 보여주고 있을 따름이다. 그것은 좀처럼 '자기'의 범주를 벗어나지 않는 그의 낭만주의적 기질 때문이리라. 김인권의 시에서는 가난한 삶을 함께 견디며 지금까지 함께 한 아내의 자리가 또한 각별하다. "우리 부부가 일념으로 가꾸는 아이들의 꿈은 식지 않도록, 두 아들의 잠든 머리맡에 몸뚱이로 앉아 외풍을 막았다."(「안락동1동 1012-2번지」) 이삿날 시어머니와의 기억을 떠올리며 눈물 흘리는 아내에게 느끼는 고마움「이사하던 날」)도, 나이 들어 늙어가는 아내를 바라보는 감회(「증후군」, 「사진」)도, 지는 꽃잎을 버리지 못하는 것처럼 병든 남편을 떠나보내지 않으려는 아내를 보는 슬픔(「아내의 꽃」)도, 모두 애틋한 부부애의 표현이다. 이렇게 아내는 어머니와 고향처럼 자아의 현존을 가능케 하는 위안의 계열체다.

김인권의 시에서 자아는 대체로 슬픈 존재다. 그것은 '슬픈 사람' 연작에서도 극명한데, 그 슬픔은 거의가 이별로 인한 애타는 그리움 때문이다. "평생 바라보기만 할 뿐/ 손 뻗어 붙잡지 않는/ 너를 닮았는지/ 푸르른 땅의 봄날은/ 담을 쌓지 않았다"(「담쟁이덩굴」) 이처럼 만나고 싶지만 만날 수 없고, 가 닿고자 하지만 닿을 수 없는 것. 바로 그 때문에 그의 시는 예의 그 위안의 계열체를 필요로 하는 것이다. 아마도 젊은 날의 이별은 그 슬픔의 원형이 되었나 보다. "설도 때문에 온 이십대를/ 눈물로 지새운 뒤에는/ 또 다시 살의 통곡으로/ 앓을 줄 몰랐다"(「고흐의 슬픔」) 무슨 사연인지는 자세히 알 수 없지만, 우도는 그 청춘에게 "우울했던 청춘의 편린이 쪽빛으로 사무친 섬"(「우도」)으로 기억된다. 「순천만」과 같은 시에도 잘 드러나 있는 것처럼, 청춘기의 방황과 슬픔은 가난과 실연에서 그 원인을 찾을 수 있지 않을까. 또 젊은 날 서울에서의 생활을 다룬 일련의 서울 시편들(「사간동의 겨울」, 「경자」, 「세종로의 눈」)을 통해 그 고단함을 엿보게 한다.

별리의 슬픔은 「그대」라는 시에서 단적으로 드러나 있다. '단풍' 이었고 '억새풀' 이었으며 '풀꽃' 이었다가 '몸짓' 이었던 그대가 떠나간 후 아침마다 되살아나는 그 아픈 사랑의 자국들. 그대를 잊지 못하는 마음은 「딜레마」에서 더욱 절절하다. "그 사람은 도대체 죽지를 않는다. 이러다가, 이러다가는, 한 사람을 잊는데 여생이 다 할 것만 같다." 잊지 못하고 그리워하지만, 도저히 만날 수 없는 그런 현실은 쓸쓸함을 생의 동반자로 만든다. "언제부터인가 쓸쓸함은, 내 중년의 또 다른 아내가 되어 있다."(「쓸쓸함」) 주로 1부의 시들이 이별과 그리움 그리고 기다림의 애틋한 마음을 표현하고 있다. 떠나간 사람의 흔적을 반추하는 「흔적」이나 청춘의 이별을 설움으로 표현한 「여수 가는 길에」와 「혹시」, 「지심도」와 같은 시들은 이별의 외로운 심사를 그리고 있다. 「꿈 냄새」와 「소나기」, 「종점에서」가 애틋한 그리움의 서정이라면, 「모럴」과 「그리운 날」은 참기 힘든 그리움을 토로한 시들이라고 하겠다.

김인권의 시에서 또 하나 눈여겨 볼만한 것이 꽃의 이미저리다. 「동백꽃 질 때」나 「봄에 죽은 꽃」에서 선명한 것처럼 그것은 피고진다는 그 생명의 순환에 착안하고 있으며, 그래서 "하루에 지는 숙명으로/ 고개를 숙이고 피는/ 애처로운 양심"이라는 「애기범부채 꽃」의 한 구절처럼 여린 생명의 숭고함에 대하여 애틋한 것이다. 한편으로 꽃은 다정한 고향에 대한 애절한 향수이기도 하며(「산수유 꽃 피면」, 「찔레꽃」), 또 한편으론 수줍은 기다림의 메타포(「섬초롱꽃」)이기도 하다. 결국 꽃이란 그리움과 기다림으로 살아내는 우리의 한 생인 것이다.

애태우던 문청의 시간을 보내고 나이 육십에도 여전히 시를 쓰고 싶다는 열정은 무엇일까. 물론 이것은 어리석은 생각이다. 스무 살의 시가 어찌 나이 예순의 시와 같은 것이겠는가. 김인권에게 시를 쓴다는 것은 자기의 살아온 삶을 되돌아보며 현재를 찬찬히 긍정하는 일이다. 그렇게 반추함으로써 현재의 자기를 스스로 위안하는 일이다. 특히 죽음 가까이에서 쓴 시편들은 무척이나 절박해서 생의 그 안쓰러운 미련이 깊은 울림을 준다. 그러나 다시 생활의 자리로 돌아왔을 때, 이제는 그의 시가 '자기'를 넘어 '다른 세상'과 더 섬세하게 만날 수 있기를 기대해 본다. 자기를 넘는 것은 말 그대로 자기로부터의 '해탈'이 아니라, 자기를 다른 세상 속으로 밀고 들어가는 힘겨운 침투의 과정이다. 성실하게 앓아낸 사람이므로 능히 그러하리라 믿는다. 자기 너머로의 여정은 이제부터가 시작이다.

김인권(金寅權) **세번째** 시집

돌아가는 길

인쇄일 | 2014년 4월 30일
발행일 | 2014년 5월 1일
지은이 | 김인권
펴낸이 | 최장락
펴낸곳 | 도서출판 두손컴
주 소 | 부산광역시 부산진구 부전로 35 삼성빌딩 301호(부전2동)
전화 : (051)805-8002 팩스 : (051)805-8045
이메일 : doosoncomm@daum.net

값 12,000원

ISBN 978-89-97083-88-6-03810

「이 도서의 국립중앙도서관 출판시도서목록(CIP)은 서지정보유통지원시스템 홈페이지(http://seoji.nl.go.kr)와 국가자료공동목록시스템(http://www.nl.go.kr/kolisnet)에서 이용하실 수 있습니다.(CIP제어번호: CIP2014014051)」